SUPPLÉMENT
A L'HISTOIRE
DE L'IMPRIMERIE,

DE PROSPER MARCHAND:

OU

ADDITIONS ET CORRECTIONS

POUR CET OUVRAGE.

A PARIS,
DE L'IMPRIMERIE DE Ph. D. PIERRES,
rue Saint-Jacques.

M. DCC. LXXIII.

AVIS DE L'IMPRIMEUR.

Un hazard heureux m'ayant procuré un exemplaire de l'Histoire de l'Imprimerie *chargé de Notes qui m'ont paru très-intéressantes, & fort bonnes à donner au Public, je me suis déterminé à les imprimer, & j'ai cru faire par-là d'autant plus de plaisir aux Amateurs, que depuis* 1758, *ils attendent vainement la nouvelle Édition de cette Histoire, que l'Éditeur du Dictionnaire de* Prosper Marchand *avoit solemnellement promise en reconnoissant l'imperfection de la premiere. Si cet Éditeur veut enfin remplir ses engagemens, il pourra se servir avec avantage de ces Notes, & donner au Public un Ouvrage mieux digéré, moins chargé de digressions inutiles, plus exact, en un mot plus digne de la réputation de Marchand.*

N. B. *Dans les corrections suivantes, on a rectifié cinq ou six faux renvois du livre, & l'on a négligé d'indiquer les autres, sans doute pour ne pas répéter toujours la même observation. Les notes de Marchand ne vont pas au-delà des lettres* GG, pag. 118. *Toutes les fois donc que l'on trouve dans l'ouvrage un renvoi à des lettres postérieures à* GG, *sans autre examen, le renvoi doit être jugé faux. Ainsi, celui de la* page 58, art. de Nuremberg, *qui indique une remarque* OO, *est aussi faux que celui de la* page 60, ligne 3. *A plus forte raison les* renvois marqués de trois lettres; tel que celui de la page 80, art. Ara Erhardi, & tant d'autres, sont-ils absolument factices & imaginaires. L'inexactitude & le désordre de tous ces renvois sont si révoltans, qu'on ne conçoit pas que Marchand ait pu donner un livre aussi imparfait. Il étoit si curieux de voir son Ouvrage paroître « aux Foires de Francfort & de Leipsic, de 1739, » avant le troisieme jubilé de l'Imprimerie » qu'il croit devoir se plaindre (page XII de son Avertissement) « de la lenteur » & de la dissipation des Ouvriers qui en avoient fait retarder » la publication jusqu'au mois de Mars 1740 ». Mais, à mon avis, il eût mieux valu que le livre parût un ou deux ans plus tard, & que le Public n'eût pas eu à se plaindre si justement des inexactitudes dont je viens de parler.

SUPPLÉMENT
A L'HISTOIRE
DE L'IMPRIMERIE,
De PROSPER MARCHAND.

PREMIERE PARTIE.

PAGE 10, col. 1 de la note. On trouve ici la piéce de Vers Latins qui termine les *Institutiones Justiniani* édition de 1468, aussi-bien que les *Décrétales* de 1473. Sur cette piéce, Marchand dit qu'il n'entreprendra pas *d'en déchiffrer les Enigmes*, &c. Ce que l'Auteur n'a pas entrepris, M. Schelhorn l'a exécuté dans ſes *Amœnitates litterariæ*, tom. 4, cap. 2, & beaucoup mieux encore, dans ſes *Amœnitates Hiſtoriæ Ecclef. & litterariæ*, tom. 1, pag. 942-958, où l'on voit un Commentaire très-curieux de Jac. Chriſtophe *Iſelius*, ſur chaque mot difficile de ces Vers barbares.

Page 11, col. 1 de la note. « La chronique de Cologne (en Al-
« lemand) avoit déjà été imprimée trois fois en 1489,
» en 1490 & en 1494, *in-fol.* en ſorte que l'édition
» de 1499 n'eſt que la quatriéme ». Ces trois premieres éditions ſont abſolument imaginaires, & David Clément obſerve très-judicieuſement, que l'édition de 1499 eſt unique. Voyez ſa *Bibliothéque curieuſe, tome 7, page 223.* Cette obſervation de David Clément, eſt adoptée par M. Meerman, dans ſes *Origines Typographicæ, tome 2, page 105.* Ainſi Naudé s'eſt auſſi trompé en citant (*Addition à l'Hiſtoire de Louis XI, page 70, édition de Marchand*) la prétendue édition de 1489.

Page 18. Cet endroit du livre rappelle une réflexion judicieuſe de Fournier que voici: « Marchand paſſe ſans autre
» gradation, des planches de bois fixes aux caracteres
» mobiles de fonte . . . . quoiqu'il y ait eu
» des caracteres mobiles de bois entre les planches
» fixes & les caracteres de fonte (*2e. Diſſertation
» de l'origine de l'Imprimerie, pag. 77.*) ». On peut ajoûter à cela, que la citation *l l*, de Marchand, en contrediſant ſon propre récit, ſemble appuyer celui de Fournier.

A L'HIST. DE L'IMPRIMERIE.

Page 21, *col. 1 de la note.* « La Préface des *Euclidis Elementa*, imprimée en 1482, eſt, ſelon Reiſer, *aureis litteris impreſſa*. Que veut dire cela ?...... Les prétendues lettres d'or de cette Préface ſont moins recevables encore que les lettres d'argent des autres Impri- meurs ». Marchand critique ici Reiſer ſans l'entendre. Que veulent dire ces lettres d'or ? Oh ! le voici. Au lieu d'encre noire, l'Imprimeur s'eſt ſervi d'une encre d'or dans quelques exemplaires de la Préface (ou Epître dédicatoire) de cette édition de 1482. C'eſt un de ces exemplaires qu'avoit vu Reiſer, & c'en eſt un tout pareil qui eſt annoncé dans le petit catalogue *in*-8°. de Smith, qui porte expreſſément (*page 25*) *Eſt autem Epiſtola dedicatoria, litteris aureis impreſſa*. Marchand a confondu les caracteres avec l'encre du livre, ce qui lui a fait attribuer à Reiſer une idée abſurde. Voyez ſur cela Meerman, *Orig. Typograph. tome 1, page 12.* Cette premiere édition d'Euclide, donnée par Ratdolt, eſt très-curieuſe, & perſonne ne l'a mieux décrite que *H. G. Clemmius*, dans ſes *Novæ Amœnitates litter.* imprimées en 1762, *in*-8°. pages 532-544.

Page 22. Après avoir dit (*pages 9 & 10,*) que les premiers Typographes imprimerent *vers l'an 1450*, en plan- ches de bois, des Alphabets, un Donat, le *Catho- licon*, &c. l'Auteur aſſure ici, que Schoyffer décou- vrit *enfin* la véritable Imprimerie, & que le premier livre qu'ils imprimerent, à l'aide de cette merveilleuſe invention, *ſe fit, ou plutôt ſe commença ſeulement en 1450*. N'eſt-ce pas là évidemment une contradiction ?

Page 24, à la fin du premier alinea de la note O, ajoutez: Voyez Meerman, *Origines Typogr.* tom. 1, pag. 178, note cm.

Page 27, col. 2 de la note. « S'il y a réellement quelque chose » de vrai dans le voyage de Fuſt à Paris ». Jean Fuſt étoit certainement à Paris en Juillet 1466; on en trouve la preuve inconteſtable tant dans *J. D. Schœpflini*, *Vindiciæ Typog.* pag. 61, note ʒ, que dans la *Bibliothéque cur.* de David Clément, *tome IV, page 87, col. 1*, de la note. Or, comme ſa ſeconde édition des *Officia Ciceronis*, eſt datée de Mayence le 4 Février 1466, ce doit être depuis ce mois là que Fuſt vint à Paris, où il eſt très-vraiſemblable qu'il mourut de la peſte, qui enleva quarante mille ames dans cette capitale, en Août & Septembre de cette année.

Mais laquelle de ces Bibles vint-il vendre à Paris? Eſt-ce celle de 1450, ou celle de 1462? Marchand tranche la queſtion (*page 39, note* X.) en diſant nettement « Que celle de 1450 eſt la ſeule qu'il pût » vendre comme Manuſcrite, parce qu'elle ne con- » tenoit aucun avis qui découvrît que *c'étoit le fruit » d'une nouvelle invention*, au lieu que la ſouſcrip- » tion de l'édition de 1462, portant *artificioſâ adin-* » *ventione imprimendi....abſque calami exaratione,* » elle ne pouvoit être préſentée comme un Manuſcrit ». Cette aſſertion ne pourroit guères être conteſtée, s'il n'étoit pas certain que cette ſouſcription dans plu- ſieurs exemplaires de la Bible de 1462, ne porte pas l'*Artificioſa adinventio*, &c. &c. comme le reconnoît Marchand lui-même. Or, qui pourroit aſſurer que ce retranchement

retranchement singulier dans la souscription, ne se fit pas dans quelques exemplaires, précisément pour qu'on pût les vendre comme Manuscrits? Il est donc très-probable que ce sont des exemplaires de cette espece plutôt que ceux de l'édition de 1450 que Fust vendit à Paris comme manuscrits. Tel est aussi le sentiment de M. Meerman dans ses *Origines Typogr.* tom. I. cap. VII. pag. 154. not. *k*. La difficulté tirée par Marchand, des deux Pseautiers de 1457 & de 1459, & des autres livres imprimés par cet Artiste avant 1462 : cette difficulté, dis-je, ne sçauroit arrêter, parce que l'on avoit tiré très-peu d'exemplaires de ces premiers livres (sur-tout des Pseautiers destinés à servir dans le chœur des Eglises), & que dès-lors, il est très-vraisemblable qu'en 1466 ils n'étoient guères connus à Paris. Les Auteurs qui ont assuré que Fust vint vendre dans cette Capitale la Bible de 1462, comme manuscrite, ne méritent donc pas d'être censurés aussi sévérement que l'a fait Marchand.

Notre Auteur s'éleve dans la même note (aussi-bien qu'à la page 133 de la seconde partie), contre divers Ecrivains crédules, qui ont accusé Fust de magie : il auroit bien fait d'ajoûter que sans doute, ces Ecrivains ont confondu Fust ou Faust l'Imprimeur, avec un Magicien du même nom, qui parcourut le Duché de Wirtemberg dans le xve. siécle, comme le prouve par différentes citations M. Schœpflin, dans ses *Vindiciæ Typographicæ* (*page 61, note 3*) ; car quand Marchand veut faire regarder ce faux Magicien comme un personnage imaginaire, dans le premier tome de son

Dictionnaire, il ne persuade pas ceux qui ont pesé les autorités citées par M. Schœpflin.

Page 28, ligne 3 de la note, col. 1. « Je l'ai fait voir dans la » remarque A, de l'article Jean Fauste ». *Lisez* : Je l'ai fait voir dans mon Dictionnaire Historique, remarque A, de l'art. *J. Fauste.*

Pages 28 & 29. Il est ici question de la dissention qui survint entre Guttemberg & ses Associés, de son départ de Mayence pour Strasbourg, & de-là à Harlem, où il établît, en 1459, une Imprimerie, &c. Les Auteurs du Journal des Sçavans, en rendant compte du livre de Marchand (année 1741, mois de Février, pages 72, 73 & 74) ont fait contre la rupture de Guttemberg, & les suites qu'y donne notre Auteur, de fort judicieuses observations, qu'il est inutile de répéter ici. Bornons-nous à dire que ce voyage de Guttemberg à Harlem, est une chimère dont il n'y a pas une preuve recevable, quoique notre Auteur assure (*page 111*), qu'il en a *suffisamment prouvé* la réalité.

Ibid. note R. Le précis que Marchand donne (d'après les *Selecta juris* de Senckenberg) de l'acte du 6 Novembre 1455, entre Fust & Guttemberg, est très-imparfait. Fournier (*Origine de l'Imprim.* pag. 91 & suiv.) fait l'histoire de cette piéce intéressante, & il en donne ensuite (*page 116*) une nouvelle traduction différente de celle-ci. M. Schœpflin en présente aussi une traduction latine dans ses *Vindiciæ Typographicæ*, & tire de cette piéce des inductions qui ont été attaquées par Fournier, dans ses Observations sur les *Vindiciæ*, *pag. 30-39.*

Page 34. « On ne connoît abſolument que deux Exemplaires, » du Pſautier de 1457; l'un à Freyberg, & l'autre à Vienne ». On en connoît encore trois autres: ſçavoir, un à l'Abbaye de Roth (h. Baviere), l'autre chez M. Duve à Hanovre, & le troiſiéme chez M. Girardot de Préfond à Paris. Peut-être en exiſte-t-il d'autres ailleurs.

Page 36, Parmi les éditions de Fuſt & de Schoyffer ſeuls, l'Auteur cite le *Durandi Rationale* du 6 Octobre 1459, parce que de ſon tems on ignoroit encore l'exiſtence du Pſeautier latin du 29 Août de la même année; édition dont M. de Boze eſt le premier qui ait parlé.

Page 37, note U, « Guttemberg & Gensfleich n'étoient qu'*un* » *ſeul & même homme* »; c'étoient deux hommes très-différens, comme le démontre victorieuſement M. Meerman dans ſes *Orig. Typograph. tom. 1, pag. 162-175.* Jean Gensfleich, l'ancien, dont la femme ſe nommoit Catherine, & qui habitoit la maiſon de *Zumjungen* à Mayence, a été mal-à-propos, confondu avec ſon frere Jean Gensfleich le jeune, dit Guttemberg, qui, après avoir épouſé *Anne de la Porte-Ferrée*, à Strasbourg, alla en 1445, rejoindre ſon frere à Mayence, où il s'aſſocia avec lui, Fauſt & Meydenbach, pour s'occuper en commun de l'Imprimerie.

Page 40, n°. XII, Cette prétendue édition de la Bible Allemande, par Jean Fauſt, en 1462, ne doit très-vraiſemblablement ſon exiſtence qu'à une ſouſcription écrite après coup dans l'exemplaire de Bengelius, qui en a parlé le premier, fans dire clairement fi elle étoit imprimée ou feulement écrite à la main. Voyez *la Biblioth. cur.* de David Clément, *tom. 3, p. 319 & fuiv.* auffi bien que Clemmius (*Amœnitat. Litterar. p. 545*). Ce dernier cite divers Écrivains que cette édition a occupés, & en particulier un M. *Giefe*, qui en promettoit une defcription particuliere.

Page 41, n°. XIV, « La foufcription des *Officia Ciceronis* fut re-
» nouvellée l'année fuivante, avec de nouveaux mots
» & une nouvelle date ». Cette affertion de notre Auteur, quoiqu'adoptée par plufieurs Ecrivains, notamment par Seiz (*Annus fæc. inv. Typogr. pag. 140*). n'en eft pas moins fauffe. Ces deux éditions font abfolument différentes, comme je m'en fuis convaincu moi-même en les conférant toutes deux page à page & ligne à ligne. C'eft ce qui eft d'ailleurs très-bien prouvé dans la *Bibliothéque raifonnée*, tome *25, pag. 279.* Ainfi l'on doit tenir ce fait pour conftant. Le rédacteur du Catalogue de la Bibliothéque Harléïenne va même encore plus loin, car il prétend (*n°. 5103 & 5104*) que dans la même année 1465, il y eut deux éditions différentes de ces *Officia Ciceronis*.

Marchand ajoute en note « Les deux premiers Im-
» primeurs de Rome pratiquerent peu de tems après la
» même chofe dans leurs éditions de Lactance & des
» Épîtres de S. Jérôme, en 1468 & 1470, qui, à ces
» dates près, ne font chacune qu'une feule & même
» édition » : voilà encore une affertion fauffe énoncée hardiment fur la foi de Richard Simon, & de Fabri-

cius, qui se sont trompés. C'est ce qui est démontré dans les Mémoires de Trévoux, année 1764, Février, pages 512-540.

Pages 41 & 42, On indique ici quatre volumes qui, quoique sans date & sans nom d'Imprimeur, « sont, dit-on, » reconnus pour être *indubitablement* de l'impression » de Fust & de Schoyffer, tant par la *ressemblance de* » *leur caractere* que par les *marques du papier* sur le- » quel ils se trouvent imprimés ». 1°. La *marque du papier* sur laquelle insiste vainement notre Auteur (*p. 37, 38, 44,*) est la marque du fabriquant Papetier, & non celle de l'Imprimeur. Aussi existe-t-il plusieurs livres imprimés chez d'autres Imprimeurs sur du papier auquel on voit la même marque qu'à celui des éditions de Fust & de Schoyffer, témoins le S. Augustin *de singularitate clericorum in-4°*, imprimé en 1467 par Ulric Zel & le livre Allemand imprimé à Nuremberg chez Koburger, en 1477. (Voyez Jungendres, *Disquisit. in notas character. libr. ad ann. 1500 excusorum, pag. 37 & 38*), dont le papier porte cette marque. La *marque du papier* ne signifie donc rien, absolument rien ; sur quoi voyez David Clément, *Biblioth. curieuse, tom. 4, p. 72 & 73;* Fournier, *de l'Origine de l'Imprimerie, pages 42, 81 & suiv.* 2°. La *ressemblance des caracteres* des quatre livres dont il est ici question avec ceux de Fust & de Schoyffer, est encore une chimère, puisque les uns ne ressemblent point aux autres, comme le prouve très-bien Fournier, *ubi suprà, p. 83 & suiv.* 3°. A l'égard du premier de ces quatre volumes, qui est le *Liber regu-*

læ Pastoralis Sancti Gregorii, le même Fournier après avoir examiné l'exemplaire de la Bibliotheque du Roi, déclare, (*p. 41*) que c'est un *in-8°*, (& non pas un *in-4°*.) imprimé avec des caracteres mobiles de bois, de la grosseur qui répond à celle de notre *Gros-Romain*, & conséquemment qu'on ne peut l'attribuer à Fust, dont on n'a d'ailleurs aucun livre *in-8°*: ainsi Naudé que copie Marchand, s'est certainement trompé sur tous ces points.

Page 45, A côté de l'écusson gravé de *Fust* & de *Schoyffer*, ajoutez ce qui suit: Ce double écu se trouve tiré en noir, à la fin des *Collectanea antiquitatum in urbe atque agro Moguntino repertarum* publiés par Jean Schoyffer, en 1520, *in-folio*, & réimprimés par le même & dans le même format, en 1525, aussi bien qu'à la fin des *Inscriptiones vetustæ in Augustâ Vindelicorum & ejus Diœcesi, curâ & diligentiâ Conradi Peutingeri*, imprimées par le même Artiste, en 1520. Ce fait qui est certain peut servir à modifier ce que dit notre Auteur, à la *page 49*, (*col. 1 de la note*) du changement que fit Jean Schoyffer aux armes de son pere: changement qui paroît plutôt devoir être attribué à Yves, frere de Jean, aussi Imprimeur.

Page 46, 3.me alinéa, « On ne voit plus le nom de Fust sur au- » cune édition après 1466; & *la Premiere, avec le* » *nom de Schoyffer seul, est du 3 Octobre 1467* »: assertion fausse. La Seconde-Seconde de S. Thomas imprimée en 1467, le 6 de Mars, *in-folio*, ne porte certainement que le nom de Schoyffer seul,

Page 46, dernier alinéa du texte & note Y, « Fuſt mourut en 1466
» ou 1467, à moins qu'on ne veuille dire que ce ſoit
» lui qui ait imprimé ſeul le *Chryſoſtomus in Mat-*
» *thæum* en 1468, & le *Vincentii Belvacenſis Specu-*
» *lum* de 1474, *&c* ». On a déja dit plus haut que
Fuſt étoit mort vraiſemblablement de la peſte qui ravagea Paris en 1466. Mais comment Marchand peut-il attribuer à Fuſt le *Speculum* imprimé ſeulement en 1474, tandis que lui-même copie dans ſes pieces juſtificatives la Préface de M. *Joannis*, qui rapporte (*p. 15*,) un extrait du Nécrologe des Jacobins de Mayence, dans lequel on lit que Pierre Schoyffer donna en 1473, des livres à ces Religieux, pour l'anniverſaire de Fuſt & de ſa femme. Si Schoyffer en 1473 paya l'anniverſaire de Fuſt, celui-ci n'a donc certainement pas pu imprimer en 1474?

Page 49. Au lieu de ces mots qui terminent l'avant-dernier alinéa de la note: *Remarque* BBB, *num.* XXIV, liſez ceux-ci: *Pages 8 & 9 de la ſeconde partie.* Ce renvoi de Marchand eſt inintelligible, auſſi-bien que celui de la citation 217 de la même page, où l'on lit: *Se trouve ci-deſſous, Remarque* BBB, *num.* XXXI, au lieu qu'il faut lire: *Ci-deſſous, page 9 de la ſeconde partie.* Marchand avoit rangé les piéces juſtificatives de ſon hiſtoire, ſous différentes lettres auxquelles il renvoie; mais en faiſant imprimer ſon ouvrage, il a ſupprimé un grand nombre de ces piéces, & a très-ſouvent changé l'ordre de celles qu'il laiſſoit ſubſiſter, ſans ſonger ſeulement à changer les renvois; ce déſordre jette les Lecteurs dans un étrange embarras.

Page 49, col. 2 de la note, à côté de l'écuſſon gravé, ajoûtez ce qui ſuit: On voit ce cartouche à la fin de la traduction Allemande de Tite-Live, imprimée à Mayence en 1538, *in-fol.* par Yves Schœffer, frere de Jean. Il ſe trouve encore à la fin d'une *Brevis inſtitutio ad Chriſtianam pietatem, ad uſum Puerorum nobilium aulæ Sebaſtiani Archiepiſc. Moguntini, conſcripta per R. D. Michaelem, Epiſc. Sidonium.* Moguntiæ, Yvo Schœffer, 1549, *in-8°.* de 79 feuillets, avec figures. Ni ce petit livret, ni le Tite-Live Allemand, n'ont été connus de Marchand, qui donnant (*page 50*) la note des éditions d'Yves Schœffer, n'en fait pas mention non plus que des deux ſuivans, que l'on doit au même Artiſte. *Jo. Ant. Campani de ingratitudine fugiendâ libri III ; Oratio de Scientiarum laudibus & libellus de dignitate atque fructu matrimonii.* Moguntiæ, 1532. *Joan. de Muris Arithmeticæ ſpeculativæ libri II*, 1538, *in-8°.* Ce dernier eſt cité par Freytag, *Analect. litter. pag. 620.* L'autre eſt indiqué dans le catalogue (très-peu connu) de la Bibliothéque du ſçavant Antoine Auguſtin, n°. 605.

Page 50. « On voit le nom de Jean Meydenbach à *l'Hortus ſanitatis* de 1491 ». On le voit auſſi à l'*Explicatio Gregorii Papæ in Pſalmos pœnitentiales,* par lui imprimée à Mayence, en 1495, *in-4°.* (*Leichius in ſupplem. Maittairiano, pag. 136.*)

Page 55, Biblia Germanica, imprimée à Strasbourg en 1466. La ſouſcription rapportée là par Marchand, n'eſt pas imprimée, de l'aveu des Défenſeurs de l'opinion qui attribue à Strasbourg l'invention de l'Imprimerie ;

mais

A L'HIST. DE L'IMPRIMERIE.

mais elle a été seulement écrite à la main par un ancien Enlumineur. Or *ces Notes à la main sont sujettes à caution*, dit très-bien M. Clément (*Bibliot. cur. tom. 2 , pag. 141 ,*) à propos d'une souscription aussi écrite à la main à la fin du premier volume d'une Bible latine, prétendue imprimée à Strasbourg par Eggestein, en 1468. On en peut dire autant des dialogues de S. Grégoire, à la fin desquels Palmer assure (*History of printing, pag. 229 & suiv.*) avoir vu trois lignes qui portent que ce livre a été imprimé à Strasbourg par Jean Guttemberg, en 1458. Ces trois lignes en lettres rouges, étoient certainement écrites à la main, & elles ne prouvent rien. Concluons donc que le premier livre imprimé à Strasbourg avec une date incontestable, est le Gratien de 1471, (Voyez *Schoepflini Vindiciæ typogr. pag. 42 , & tab. III ,*) & que dès-lors, c'est à cette année 1471, qu'il faut renvoyer Strasbourg, si l'on veut s'en tenir à ce qui est certain.

Page 55. Autre Bible latine imprimée à Augsbourg, en 1466, sur la foi d'une souscription qui est encore écrite à la main. Le premier livre que je connoisse, imprimé à Augsbourg, est intitulé : *Joan. de Aurbach* (ou plutôt *Averbach*) *Vicarii Bamberg. Summa de confessione & Ecclesiæ Sacramentis*, à la fin duquel on lit : *A Ginthero Zainer de Reutlingen . . . in urbe Augustensi impressus . . . . anno 1469 , in-fol.* Quoique Maittaire n'en ait pas fait mention dans ses Annales, son existence n'en est pas moins incontestable. Ainsi, c'est à cette année 1469, qu'il paroît que l'on peut fixer l'Imprimerie à Augsbourg. Ce Jean de Averbach eſt encore Auteur d'un *Proceſſus juris*, imprimé à Leipſic en 1489 (*Leichius, Annal. Typograp. Lipſienſ. pag. 64.*)

Page 56. Autre Bible latine, imprimée à Reutlingen par *Jean de Averbach;* Bible auſſi imaginaire que ſon Imprimeur; car il n'en a jamais exiſté de ce nom. La Caille, Chevillier & Maittaire, qui l'ont citée ſur la parole de Saubert, ſe ſont trompés. M. Meerman (*Conſpect. Orig. typogr. pag. 49*) conjecture que c'eſt la Somme latine de *Jean de Averbach,* dont on vient de parler, qui a donné lieu à cette mépriſe. Quoiqu'il en ſoit de cette conjecture, la Bible de 1468 eſt une fiction. Jean de Amerbach, célébre Imprimeur de Bâle, n'exerça ſon art, comme tout le monde ſçait, que vingt ans après.

Ibid, Article de Veniſe. Il étoit bon d'obſerver que Jean de Spire avoit donné dans la même année, une autre édition *in-fol.* des Epîtres familieres de Ciceron, dont la ſouſcription eſt différente de celle de la premiere.

Ibid. Art. de Cologne. Leſſer (*Typogr. Jubilans*) parle d'un Traité latin *de arte loquendi & tacendi, in-4°.* imprimé dans cette Ville chez Herman Bumgart ou Baumgart, au commencement de l'Imprimerie. Mais c'eſt une bévue de Leſſer, qui rapporte tant d'éditions imaginaires, que l'on ne doit jamais s'en rapporter à lui ſeul. Quant à ce que dit Marchand, qu'*on ne voit des éditions d'Ulric Zel qu'en 1494;* c'eſt une erreur qu'il répéte vainement *page 5* de ſa 2de partie,

A L'HIST. DE L'IMPRIMERIE.

note 3. En effet, outre le *Quadragesimal de Robert de Licio*, imprimé par cet Artiste en 1473, *in-fol.* dont parle Schelhorn *de Antiquiss. Bibl. lat. editione*, *pag. 27 & 28*, & dont j'ai vu un exemplaire chez les Jésuites de Liége, il y a encore un *Sanctus Augustinus de Vitâ christianâ & de singularitate Clericorum*, à la fin duquel il est marqué : *Explicit . . . per me Olricum Zel de Hanau Clericum Dioeces. Moguntinen. anno . . . . sexagesimo septimo*. Ce volume, petit *in-4°*. dont j'ai tenu un exemplaire, est imprimé avec les caracteres de Schoyffer. Ainsi, voilà deux impressions de *Zel* bien avant 1494. Il est fort probable que cet Artiste imprima d'abord à Mayence ou aux environs, & qu'il porta bien-tôt après, l'Imprimerie à Cologne. Voyez sur ce point *Schelhornii Diatriba ad Quirini libr. de optimorum scriptorum Edit. pag. 44, 46 & 71*, aussi-bien que les *Origines* de M. Meerman, *tome 1, page 58*. Au reste il n'est pas inutile de remarquer que dans la même année 1470, il parut à Cologne, *Jac. de Voragine Legenda aurea*, imprimée par Conrad Winter de Homburch, *in-fol.* édition très-rare.

Nota. Que dans cette même *pag. 56*, il y a cinq renvois à des endroits du livre de Marchand qu'il est très-difficile de trouver. Il dit, par exemple, à l'avant dernier alinéa de l'article sur Cologne, à propos d'un Donat imprimé en 1457, *Voyez la remarque* AAA, *num. II, art. 13*. Or, ni cette remarque, ni ce numero, ni cet article n'existent ; ainsi il faut lire tout simplement : *Voyez ci-dessous la pag. 112, col. 1 de la note.*

A la fin de l'alinéa fuivant, au lieu d'un renvoi à une remarque qui n'exifte pas plus que la précédente, après ces mots, *d'une fauffe date*, ajoûtez ceux-ci : « Puifque l'on y trouve une Bulle *d'Æneas Sylvius*, » (*Pie II.*) donnée feulement en 1459 ».

Page 57, L'un des Artiftes qui imprimerent en 1470, *in-folio*, l'*Hiftoria adverfus Gothos* de Léonard Aretin, étoit de Foligni & cette édition s'eft faite dans fa maifon ; c'eft tout ce que prouve la foufcription qui eft à la fin de ce livre. Conclure de là qu'il a été imprimé à Foligni, n'eft-ce pas être trop précipité dans fes affertions & hazarder trop ? Heureufement il y a dans la Bibliothéque du Roi, à Paris, une édition *in-folio*, fans date, des Épîtres familieres de Cicéron, à la fin de laquelle on lit un fixain latin, qui prouve que Numeifter & fes affociés ont imprimé ce livre à Foligni même, dans la maifon d'Émilien. D'un autre côté, la 1re édition du Dante *in-folio*, porte (dans un fixain Italien qui eft à la fin) que ce livre a été imprimé en 1472, par Jean Numeifter, aidé par fon ami de Foligni. Ainfi quoique Marchand fe foit déterminé légerement à fixer à l'année 1470 l'époque de l'Imprimerie à Foligni, cette époque n'en eft pas moins très-certaine.

Même page, Effacez cet *Ergaw* qui n'eft pas une ville, & mettez en place *Munfter en Argeu*, Bourg à quelques lieues de Lucerne, avec une Abbaye de Chanoines Réguliers, fondée par un Comte de Lentzbourg, nommé *Béron ;* ce qui a fait appeller en latin ce Bourg, *Villa Béronenfis*. Voyez Engel, *Biblioth. Selectiff.* part. 1, pag. 150. Trompé par cet *Ergaw*,

A L'HIST. DE L'IMPRIMERIE.

l'Auteur (*) d'une Lettre critique fur cette *Hiſtoire de l'Imprimerie* inſérée dans la Bibliothéque raiſonnée, tom. 25, pag. 271-284, a indiqué mal-à-propos Munſter en Argéu, comme un endroit oublié par Marchand, dans la liſte de ceux où l'on a imprimé avant 1500; plus mal-à-propos encore, il a cité le *Speculum vitæ humanæ* imprimé ſeulement en 1473, dans ce Bourg, puiſque Marchand reconnoît que l'on y imprima dès 1470 le *Mammotrectus*, ouvrage ſingulier, ſur lequel, pour le dire en paſſant, Martin-George Chriſtgau a publié un Mémoire fort curieux ſous ce titre: *Commentatio hiſtorico litteraria de Mammotrecto, ſtatum rei litterariæ circa inventæ Typographiæ tempora illuſtrante.* Francofurti ad Viadram, 1740, *in-4°*.

Page 59, Article de Lubec. « Fabricius & Seelen, prouvent » bien que cette édition de Lubec, en 1471, eſt » l'ouvrage . . . réimprimé ſur l'édition de 1470 ». Loin que Seelen prouve ce fait, il avoue (*loc. cit.*) que l'édition de 1471, lui paroît d'autant plus douteuſe, que le pays de l'Imprimeur Koelhoff *de Lubec*, qui avoit donné celle de 1470, a fort bien pu induire en erreur ceux qui ont cité cette prétendue *réimpreſſion*. On n'en donne point le format, ni le nom de l'Imprimeur, perſonne ne l'a vu; bonnes raiſons pour douter de ſon exiſtence, & renvoyer l'introduction de l'Imprimerie dans Lubec à l'année 1475, que parut le *Ru-*

(*) *M. Baulacre, Bibliothécaire de Genève.*

dimentum novitiorum, chez Lucas Brandiff de Schaff, *in-fol.*, ouvrage dont il y a une longue analyſe dans Seelen, *Selecta litteraria pag. 558-586.*

Pag. 59, Art. de Treviſe, ajoutez que ce Gérard de Liſa publia la même année 1471, *in-4°*. les *Phalaridis Epiſtolæ ex interpret. Franc. Aretini ;* & changez le renvoi, en mettant après le mot *ci-deſſous ;* . . . . . page 101, n°. 1x, de la note.

Page 60, ligne 5, Au lieu de ces mots : *Voyez ci-deſſous la rem. AAA, num. 11, art. 15*, liſez, *Voyez ci-deſſous, p. 114, col. 1*, où Marchand parle en effet de la prétendue édition de Ptolémée, faite à Bologne en 1462, par Dominique de Lapis, & l'attribue, avec raiſon, à une faute d'impreſſion dans les chiffres qui énoncent la date. Une nouvelle preuve que ce Ptolémée n'eſt pas de 1462, & que Dominique de Lapis n'eſt point le premier Imprimeur de Bologne, c'eſt qu'à la fin de l'Ovide imprimé dans cette ville en 1471, Azoguido l'Imprimeur ſe dit *primus in ſuâ civitate Artis impreſſoriæ inventor*. Eût-il ôſé ſe qualifier de cette maniere ſi Dominique de Lapis eût imprimé neuf ans auparavant à Bologne ?

Ibid. Art. de Ferrare, ajoutez *ce qui ſuit :* Maittaire cite de cet *Andræas Gallus*, un Virgile, les *Dati Elegantiolæ*, & les *Poggii facetiæ*, tous trois imprimés la même année 1471 à Ferrare ; *Gallus* imprima encore en 1474, la Théogonie d'Héſiode, traduite en vers latins, & les Satyres de Juvénal & de Perſe, tous deux *in-4°*. A la fin de ce dernier livre, on lit un quatrain latin qui paroît prouver que cet Artiſte n'étoit point parent d'*Ulric Gallus* ou *Han*. En voici les deux premiers vers:

Impreſſit Andreas hoc opus : cui Francia nomen
Tradidit; at civis Ferrarienſis ego.

Page 60, *Art. de Florence*, ajoutez ces mots: *Voyez* Méerman, *Orig. Typograph. tom. 1, pag. 95, not. b n.* Il n'eſt pas inutile d'obſerver que ſix ans après l'introduction de l'Imprimerie à Florence, deux Jacobins imprimerent (en 1477) dans leur monaſtere de Saint Jacques de *Ripoli* hors de cette ville, une *Legenda della B. Caterina de Siena*, vol. *in-4°*. en caracteres gothiques, à deux colonnes; livre très-rare ſur lequel on peut conſulter la *Biblioth. curieuſe* de David Clément, *tom. 6, page 419*. Orlandi cite trois autres Livres imprimés à *Ripoli;* l'un ſans date, & les deux autres en 1478.

Ibid, *Art. de Spire*, Marchand renvoie mal-à-propos en cet endroit à *Schelhornii amœnit. litterar. tom. 3, p. 102*, où il n'eſt certainement pas queſtion du Traité de Henri de Rimini. En revanche, le même Schelhorn parle de ce Traité, & il donne même un eſſai gravé des caracteres de cette édition de Spire, en 1472, dans l'édition *in-4°*. du livre de Quirini *de optimorum ſcriptorum Editionibus*, qu'il a publiée avec des notes. Marchand obſerve, avec raiſon, que ce Traité a vraiſemblablement été imprimé par Pierre Drach; car pour le *Speculum conſcientiæ* imprimé *Spiræ per Conradum hiſtoricum in-4°*. ſelon le Catalogue du Baron de Hohendorf, c'eſt très-vraiſemblablement une édition imaginaire. Drach, le ſeul Imprimeur connu à Spire dans le 15.ᵉ siécle, publia dans cette ville en 1480, *in-folio*, le livre fuivant : *Petri de Aquilâ, Ord. Minorum, fcriptum five Quæftiones in 4 libros Sententiarum Joannis Scoti*, (Weiflinger, Catal. Biblioth. S. Joan. Jerofolimit. *pag. 214.*) Quant à ce qu'ajoûte Marchand, que l'*Omeliarius* ne fut imprimé que *dix ans après* 1472, & que Seelen nous a donné une diflertation fur cette *premiere* édition de l'*Omeliarius* ; c'eft une aflertion qui peut être conteftée, vû qu'il exifte du même livre une édition fans date, faite à Cologne, par *Conrad de Homborch*, qui imprimoit dès 1470; édition qui, fi elle n'eft pas antérieure à celle de 1482, dont Seelen fait tant d'éloges, eft au moins auffi ancienne.

Page 61, *Art. d'Eltwill*, *ajoûtez ce qui fuit* : M. Meerman cite un *Vocabularium fecundùm ordinem alphabeti*, imprimé *per Nichol. Bechtermuntze in Eltwill, fub anno Domini 1469, in-4°.* (Voyez *Confpect. orig. typog. in-8°. pag. 29 & 30, not. 25 ; & Originés typograph.* du même, *tome 2, page 96, note g*). Ainfi l'Imprimerie eft certainement plus ancienne à Eltwill, de trois ans, que ne le croit ici Profp. Marchand, en la fixant à 1472.

Page 62, *Article de Parme*. On trouve ici une édition de Balde, donnée à Parme, en 1472, *in-fol.* fans nom d'Imprimeur. Cette édition me paroît fort fufpecte, d'autant mieux que l'année fuivante, il parut dans la même Ville, une édition vue par Naudé, de ce même Balde, *in-fol.* imprimé par *Stephanum Corallum*, qui dans la même année 1473, y imprima encore Catulle & Stace.

Page 62,

A L'HIST. DE L'IMPRIMERIE.

Page 62, *Article de Padoue*. On cite ici le Petrarque de 1472, au mois de Novembre, tandis que *l'Amorosa Fiammeta* de Bocace, imprimée la même année, par les mêmes Artistes, est datée du 21 Mars; ce qui devoit lui assurer la préférence. Leichius indique (*page 126*) un autre livre de cette même année, à Padoue.

Ibid. *Art. de Mantoue*, ajoutez ces mots : Le *Conciliator differentiarum Petri de Abono*, cité par Maittaire, Engel & Smith, est aussi de 1472, à Mantoue, où l'on imprima encore cette même année, le Decameron de Bocace, *in-fol.* s'il faut en croire Maittaire.

Ibid. *Art. de Tergou*. Il y a de ce *Gérard Leeu* une édition *in-fol.* du *Spiegel der Sassen*, donnée dans la même Ville, en 1472, un an plutôt que le livre cité ici. Si ce *Spiegel der Sassen*, n'est autre chose que le *Speculum Saxonicum*, dont Marchand dit (*page 65, n°. XLIII.*) que l'édition de 1474, à Bâle, est *la premiere*, ce sera encore une erreur à corriger, puisque celle de G. Leeu est de 1472. Je dirai en passant, que l'édition de ce *Speculum Saxonicum*, donnée à Augsbourg, par Ant. Sorg, en 1481, *in-fol.* est décrite dans les *Analect. litter.* de Freytag, *page 891*, aussi-bien que dans Jungendres, *Disquisit. in notas charact. libr. ad an. 1500, page 42.*

Ibid. *Art. d'Utrecht*, ajoutez aux citations : Le catalogue d'une collection de livres choisis, provenans du cabinet de M *** (le Comte de Lauraguais.) Paris, 1770, *in-8°. page 100, n°. 589.*

D

Page 63, Art. *de Louvain*. J'ai vu, il y a dix ans, dans la bibliothéque du Collége de Louis le Grand, un *Petri Crescentii opus ruralium commodorum, in-fol.* imprimé la même année 1473, par cet Artiste, qui en donna une autre édition l'année suivante. Ce Jean de Westphalie alloit de tems en tems exercer son art hors de Louvain. En cette année 1474, il publia à *Alost*, avec Thierri Martens, un *liber prædicabilium*, in-8°. & en 1479, un autre à *Nimegue*, indiqué par Marchand (*page 71*); mais ces courses ne l'empêchoient pas de faire rouler ses presses à Louvain, où il imprima beaucoup de livres, jusqu'en 1488 ou 90. J'ai vu de lui un *Joan. Milis Repertorium Juris Canonici*, de 1475, *in-fol.* à la fin duquel il ajoûte à son nom *Paderbonensis Diœcesis*.

Ibid. Art. *d'Alost*. Ajoûtez en marge du second article, les mots suivans: *Extat* (*Speculum peccatoris*) *in catalogo Caroli Majoris, tom. I, n°. 1677, ubi etiam videre est* (*n°. 1676*) *Baptistæ Mantuani de vitâ beatâ libellum Alosti editum, anno 1474, in-4°.*

Ibid. Art. *d'Ulm*. Ajoûtez en marge: Que Marchand a corrigé lui-même cet article, page 136 de sa seconde partie, & qu'il y a pourtant une remarque à faire sur sa correction: sçavoir, que dans la *nouvelle Bibliothéque Germanique*, tome 22, page 51, on trouve une note de plusieurs autres livres, imprimés par ce J. Zainer.

Page 64, Art. *de Turin*. Ce bréviaire est *in*-8°. & non pas *in-fol.* comme l'a écrit Maittaire par une pure méprise que copie Marchand.

Pag. 64, Art. de Roſtoch. Un Lactance de cette Ville, en 1474, paroît bien ſuſpect. Ne ſeroit-ce pas plutôt 1476? En effet, Maittaire indique une édition de Lactance faite à Roſtoch en 1476, par les *Fratres Preſbyteri & Clerici viridis horti ad S. Michaelem*, qui cette même année, imprimerent les *Sermones Diſcipuli de tempore*, *in-fol.* (Voyez *Lackman, orig. typogr. ſelecta capita*, pag. 114.) Or, ſi d'une part, il n'eſt guères probable que dans la même Ville les mêmes Religieux aient imprimé deux fois en deux ans le Lactance; de l'autre, cette prétendue édition de 1474, ne porte point de nom d'Imprimeur; ainſi, voilà des raiſons bien ſuffiſantes pour douter de ſon exiſtence & pour s'en tenir à celle de 1476, qui eſt inconteſtable.

Ibid. Article de Weſtminſter. Ajoûtez en note: Pour ſçavoir la véritable hiſtoire de l'introduction de l'Imprimerie en Angleterre, il faut lire la *Vie de Guillaume Caxton*, par Jean Lewis, publiée (en Anglois) à Londres, en 1737, *in-8°.* auſſi-bien que Middleton, dans ſa Diſſertation ſur l'origine de l'Imprimerie en Angleterre, 1735, *in-4°.* Meerman traite auſſi cette matiere (*Origin. Typogr.* tom. 1, *pag. 140, & tom. 2, pag. 19 & ſeq.*) mais en y mêlant ſes préventions ordinaires, en faveur de Harlem. On trouvera dans ces différens Ecrivains, de quoi ſuppléer à cet article de Marchand. Il ſuffit de remarquer ici que la *Légende dorée,* imprimée à Weſtminſter par Guillaume Caxton en 1483, eſt le premier livre publié en Angleterre, avec des figures gravées en bois.

Page 65, Art. de Côme. Ajoutez : Que ce *Denis de Paravicino* eſt le même qui publia depuis à Milan (en 1476) la Grammaire de *Laſcaris*, *in-4°*. laquelle eſt le premier livre entier imprimé en Grec.

Ibid. Art. de Bâle. Ajoutez : Que ce Bernard Richel publia dans cette Ville, en 1476, une traduction Allemande du *Speculum humanæ ſalvationis*, *in-fol.* livre très-rare.

Page 66, Art. de Lyon. On peut douter de cette édition du Roman de Baudoin, faite à Lyon en 1474. 1°. Parce que ce même Roman fut certainement imprimé dans cette Ville en 1478. 2°. Parce que Lenglet du Freſnoi, l'un de ceux d'après qui Marchand en parle, eſt une très-mauvaiſe autorité en fait d'éditions. Si ces doutes ſont fondés, la *Légende dorée* imprimée à Lyon chez Buyer en 1476 *in-folio*, ſeroit le premier livre que l'on connoiſſe de cette Ville-là; & il demeureroit toujours conſtant que le rédacteur du catalogue de M. de Boze s'eſt trompé en aſſurant (*page 72*) que c'étoit le *Speculum vitæ humanæ* de 1477, à qui appartenoit cette primauté.

Ibid. Art. de Breſſe. Ajoutez ce qui ſuit : Le Cardinal Quirini aſſure (*Epiſt. ad Saxium*, *in-4°. pag. 88*,) qu'il y a une édition de Juvenal & Perſe, donnée en cette Ville en 1473, un an plutôt que l'Homere cité ici ; & à la page 54, il donne la ſouſcription de cette édition que voici. *A. Perſii ſatyrarum expreſſus codex Brixiæ unà cum Juvenale Satyrico, jubente Preſbytero Petro Villa* XIII. *Kal. Aug.* M. CCCC. LXXIII.

A L'HIST. DE L'IMPRIMERIE. 29

Page 66, Art. *de Burchdorff.* L'édition du Traité de Jacques de Clufa indiquée ici, fe trouve dans *l'Armamentarium Catholicum* de Weiflinger, page 44, auffi-bien que la *Legenda Sancti Wolfgangi Epifc. Ratifpon.* imprimée la même année, & dans la même Ville, *in-fol.* Ce Jacques *de Clufa* ou *de Paradifo* ou *Carthufienfis* (car il porte ces trois furnoms) eft mort en 1465, âgé de quatre-vingt ans. Engel cite de lui un *Tractatus de veritate dicendâ aut tacendâ, fine die & confule, in-fol.* qu'il croit imprimé avant la mort de l'Auteur. Voyez *Biblioth. Selectiff.* part. *1*, *pag. 120.* Dans le *Spicilegium* du même Catalogue, Engel rapporte une édition fans date du Traité indiqué ici par Marchand.

Page 67, Art. *d'Eflingen.* Mettez en marge : Jean-Chrift. Wolf, dans fa 76° lettre à la Croze & dans fa *Biblioth. Hebræa,* tome *2*, page *941*, nomme *in-4°.* & non pas *in-fol.* cette édition du Traité de *Niger*, fur lequel il s'étend beaucoup, pages 1037, 1110 & *feq.* Dans le tome IV°. page 525, il fait connoître la traduction Allemande du même ouvrage, dont l'édition de 1477 eft décrite avec foin par S. J. Jungendres, *Difquifitio in notas characterift. librorum ad ann. 1500 excuf. page 34.* En affurant que l'édition latine de 1475 eft la *premiere impreffion où l'on ait vu des caracteres hébreux*, Marchand ne s'exprime pas avec affez d'exactitude; il devoit dire: *où l'on ait vu des mots entiers en caracteres hébreux.*

Page 67, Art. de Scandian. L'édition citée ici d'Appien, est plutôt de 1495 que de 1475, comme l'assure Marchand; parce qu'il est plus naturel de corriger la faute de date M. CCCC. LCV. en mettant M. CCCC. XCV. (un x au lieu d'un L) qu'en lisant avec Marchand M. CCCC. LXXV. C'est ainsi qu'en ont jugé divers Bibliographes, & notamment Leichius, *de Orig. Typogr. Lipf. pag. 125.* On sçait, au reste, que la premiere édition d'Appien est celle de Venise, chez *Vendelin de Spire*, en 1472, *in-fol.* très-rare.

Page 68, Art. de Cashel. Ajoûtez en marge l'observation suivante. Cashel, Ville d'Irlande, se nomme en Latin *Cassilia* & non *Casella* ou *Casellæ*. Il est donc probable qu'il s'agit ici de quelque Ville ou bourg d'Italie, où Jean Fabri (que l'on sçait avoir imprimé à Turin en 1474, un Bréviaire Romain) sera allé imprimer ces *Vitæ Sanctorum* de Pantaleon; livre très-rare que Marchand fait connoître encore mieux qu'ici dans son Dictionnaire, tome 2, page 133; mais il y soutient toujours que *Casellæ* est *Cashal* en Irlande, absurdité palpable; car il est évident que ce Jean Fabri, qui imprimoit à Turin en 1474, n'imprima pas dès le mois d'Août de l'année suivante en Irlande. Ce qui fortifie ce raisonnement, c'est que l'on retrouve cet Artiste à Turin dès le mois d'Août 1477, qu'il y imprima la *Martini Poloni Chronica*, in-4°. à la fin de laquelle on apprend qu'il étoit de Langres. Au reste, Seiz croit que *Casellæ* signifie ici *Cassel* en Allemagne, ce qui est moins invraisemblable. (Voyez *Annus sæcul. inventæ typogr. pag. 179 & 180.*)

Pag. 68, Art. de Deventer. Quelques Bibliographes ont cité un Prudence imprimé dans cette Ville en 1472, *in-4°.* mais cette édition paroît bien douteuſe. On pourroit donc fixer, avec Marchand, l'époque de l'Imprimerie à Deventer, à l'année 1475, ſi l'édition du livre qu'il cite n'étoit pas elle-même très-incertaine. En effet, quels ſont les garants de cette édition? Les ſeuls Beughem & Oudin; le premier qui la date de 1457, dans ſes *Incunabula typographiæ ,* livre juſtement décrié & rempli des bévues les plus lourdes, qui n'ont pas échappé à la critique de Marchand (*page 99, col. 2 de la note, n°.* vII). A l'égard d'Oudin, il cite cette prétendue édition ſans aucune réflexion, ſans dire qu'il l'ait vue. Or, cet Ecrivain ne peut guères faire autorité quand il s'agit d'éditions anciennes, & Marchand reconnoît lui-même (*page 58, n°* xIv,) qu'il eſt ſuſpect « à cauſe du nombre prodigieux de » fautes groſſieres dont l'édition de ſon livre ſe trouve chargée ». Concluons donc que cette prétendue édition de Deventer en 1475, eſt très-apocryphe, & que le premier livre imprimé dans cette Ville, eſt le *P. Berchorii Reductorium morale.* Daventriæ. Rich. Paffroet, 1477, *in-folio ;* à moins que l'on ne veuille admettre l'édition des *Socci Sermones* , en 1476 indiquée par Orlandi, autre Bibliographe fort ſuſpect.

Ibid. Art. de Sant-Urſio. Il n'eſt pas inutile de remarquer que dans le Catalogue de M. Smith, on indique les *Terentii Comœdiæ* , imprimées la même année & chez le même Libraire, *in-fol.*

Page 68, Art. de Vicence. Au lieu du Ptolémée imprimé en 1475, mettez le Poëme Italien de *Fazio Degli Uberti*, intitulé : *Dicta mundi*, imprimé à Vicence, par Léonard de Bâle en 1474, *in-fol.* dont j'ai vu un exemplaire chez M. Floncel à Paris, Livre qui est fort rare.

Page 69, Art. de Bruxelles. Ajoutez : Que ce *Speculum* de *Geilhoven* ou *Gheyloven*, est en deux volumes *in-fol.* grand papier, dont Gabriel Naudé assure avoir vu un exemplaire au Collége des Cholets à Paris (*Addition à l'Histoire de Louis XI.* page 74 de la réimpression de Marchand).

Ibid. Art. de Bruges. Cet Imprimeur *Mansion* donna dès 1473, les *Dits des Philosophes*, *in-fol.* indiqués dans la *Bibliotheca Harleiana*, tome 5, n°. 2642; il fut aussi traducteur de plusieurs ouvrages. On peut voir son article dans le Dictionnaire de Marchand. Le Bocace de 1476, indiqué ici, est imprimé à deux colonnes en très-gros caracteres gothiques, aussi-bien que le Boëce François du même Artiste, dont j'ai vu un exemplaire dans la Bibliothéque de la Cathédrale de Tournay.

Ibid. Art. de Delft. Ajoutez à la note : Cette Bible flamande est fort bien décrite par M. Meerman dans la *Biblioth. curieuse* de David Clément, *tom. 3, pag. 462, note.*

Page 70, Art. de Piobbe di Sacco. Ce livre du R. Jacob ben Ascher, est selon Wolfius cité par Marchand, le plus ancien livre Hébreu imprimé chez les Juifs, ce qui mérite bien d'être remarqué. A la fin de la citation sur cet article, ajoûtez ces mots : *Et que l'édition entiere est dans la Bibliothéque de Turin.*

A L'HIST. DE L'IMPRIMERIE.

Page 70, Art. de Genêve. Mettez en marge: Le Livre des SS. Anges par Eximinès, imprimé la même année 1478, à Genêve, est daté du 23 Mars. Il devoit donc être préféré à celui de Guy de Roye, qui n'est que du 9 Octobre.

Cette année-ci l'Imprimerie s'introduisit en Lorraine. Voici ce que j'ai lu dans un *Abrégé Chronologique de l'Histoire de Lorraine, par M. Henriquez*, Religieux de Saint Antoine, Abrégé que je crois n'avoir pas été imprimé. « Année 1478. » Cette année est remarquable par l'introduction » de l'Imprimerie. Un nommé *Didier Virion*, » amena de Paris, un garçon, qui commença à » imprimer des Vers à la louange de René II. »

Page 71, Article de Zwoll. Ajoûtez: Lackman cite (*Annal. Typograph. Select. Capita*, pag. 119) *Stephani Flisci sententiarum variationes, sive Synonima per Petrum Os de Breda, Zwollis impress. 1480, in-4°.* date qui prouve la fausseté de ce qu'assure ici Marchand « *Que l'on n'a aucune édi-* » *tion de ce Peter Os avant 1484.* » Dans le Catalogue de Gagniat, n°. 255, on trouve *S^{ti} Bonaventuræ Sermones de tempore & de Sanctis. Swollis, absque nomine Typographi 1479, in-folio.* A la fin de *Jasonis Alphei Ursini Carmina in laudem Frederici Badensis, Episc. Trajectensis*, petit *in-4°.* de six pages, on lit que *Hermannus Tuleman Trajectensis Ecclesiæ Canonicus . . . . . imprimi fecit in oppido Swollensi anno Domini 1496.* Voilà deux éditions assez peu connues.

E

Page 72, Art. *d'Anvers*. M. Meerman cite un livre *in-4°*. imprimé dans cette Ville par *Matthieu Vander Goes* dès 1472 (Voyez *Orig. Typogr.* tome I, pag. 98, note *e*) & j'en ai vu un exemplaire à Anvers dans le cabinet de M. Verduſſen, Echevin de cette Ville. Ainſi, voilà l'Imprimerie plus ancienne à Anvers, de ſept ans que ne l'a cru notre Auteur.

Ibid. Art. d'Oudenarde. Ajoûtez aux citations: *Freytag Analect. Litterar.* page 443.

Page 73. Cette édition du *Pélerinage de la vie humaine*, en Vers François, dont Marchand parle imparfaitement, eſt *in-4°*. de Paris, chez Barthold Rembolt & Jean Petit: elle paroît être des dernieres années du ſeiziéme ſiécle. Le Correcteur ſe plaint dans le prologue de la traduction en proſe faite alors de ce Roman.

Ibid. Art. de Citta di Friuli, *ajoûtez cette note-ci*: Friuli eſt une petite Ville, capitale du Frioul, Province partagée entre les Vénitiens & la Maiſon d'Autriche. Elle ſe nomme indifféremment *Cividal di Friuli* ou *Cividal d'Auſtria.* On y imprima, la même année 1480, *impenſis Gerardi de Flandriâ*, un *Platina de honeſtâ voluptate & valetudine*, *in-4°*.

Page 74, *Article de Leipſic.* Mettez en marge: Leſſer (*Typogr. Jubilans*) & Leichius (orig. & increm. Typograph. Lipſ. page 5,) citent *Joan. Widmanni libellus de numerorum doctrinâ, Germanicè*, imprimé à Leipſic, par Conrad Kachelofen, en 1480, c'eſt-à-dire, un an plutôt que le livre indiqué ici.

A L'HIST. DE L'IMPRIMERIE.

Page 74, Art. de Vienne. Ajoûtez cette note : L'Auteur de la *Commentatio de primis Vindobonæ Typographis,* imprimée en 1764, recule jusqu'à l'année 1493, l'époque de l'Imprimerie à Vienne en Autriche. Il pense que ce livre de Clemangis est sorti des presses de Vienne en Dauphiné, & non point de la Capitale de l'Autriche.

Page 75. Au lieu du mot MONTROUGE, *Prieuré du Comté de Gruières.* Lisez : ROUGEMONT, *Prieuré dans le Canton de Berne, près Gruyères, lieu fameux par ses Fromages.* Ajoûtez ensuite : Mais où est la preuve que cette chronique composée à Rougemont y a aussi été imprimée ?

Page 76, Art. de Perouse. Ajoûtez : Ce *Fédéric,* Evêque de Foligni, avoit d'abord été Jacobin. Son *Quatriregio* est fort rare; c'est un *in-fol.* mince, imprimé à deux colonnes en 1481, caract. goth. J'en ai vu un exemplaire chez M. Floncel. Parmi les réimpressions de ce Poëme, la meilleure est celle de 1725, à Foligny, 2 vol. *in-4°.*

Ibid. Art. de Mondovi. Est-il bien certain que *Monteregali* soit *Mondovi* dans le Piémont, que l'on appelle en Latin *Mons vici ?* Il y a un *Montreal* en Languedoc, & un autre en Sicile. L'idée d'expliquer ce Montéregali par *Konisberg, Capitale de la Prusse,* ne pouvoit guères tomber que dans la tête de M. *Seiz. Voyez* la page 189 de son livre.

Page 77, Art. d'Hasselt. Ajoûtez ces mots : La souscription de l'édition de 1481, du *Recollectorium* dont j'ai vu un exemplaire chez les Jésuites de Bruxelles, porte expressément *in hasselt finitum anno 1481, P. B.* Ces deux dernieres lettres *P. B.* ainſi placées, ſont, à ce qu'il paroît, les initiales du nom de l'Imprimeur.

Page 77, Art. de Sarragoſſe. Ajoûtez ce qui ſuit: Comme l'on peut douter de l'exiſtence de cette édition faite en 1482 à Sarragoſſe, il eſt bon de noter une traduction Portugaiſe des Epîtres & Evangiles pour les Fêtes & Dimanches, par *Gonçalo Garcia de Sainte-Marie*, imprimée dans cette Ville, le 20 Février 1485, chez *Paul Hurus* de Conſtance. Cette édition eſt indiquée dans les Mémoires de l'Académie Hiſtorique de Portugal *in-fol.* année 1729, pages 550 & 551.

Ibid. Art. d'Aquilée. Au lieu de *Jacovello*, liſez *Jaconello*. Ce livre porte: *Stampato in Aquila*, & non pas *in Aquileia*. Il eſt donc très-vraiſemblable qu'il s'agit ici d'*Aquila*, Ville Epiſcopale du Royaume de Naples, & non pas d'*Aquilée*, Ville qui eſt dans le Frioul. Au reſte je trouve dans la même année 1482, un *Jac. de Bangio, Minoritæ, Tractatus de Cenſuris & Pœnis Eccleſiaſticis*, imprimé *Aquilæ*, & indiqué dans le Catalogue d'Antoine Auguſtin, n°. 561.

Page 78. Ajoutez à la note ſur Culembourg: Que l'on peut voir ſur cette édition du *Speculum*, la ſeconde diſſertation de Fournier, page 173, & Meerman, *Origin. Typogr.* tom. I, pag. 105 & *alibi*.

Ibid. Art. de Memmingen, ajoûtez ce qui ſuit. Il y a un *Modus prædicandi*, imprimé la même année 1483 *Memmingæ per Albertum Kunne de Duderſtat*, dans la Bibliothéque de la Cathédrale de Moyence, indiqué par *Gudenus Sylloge Diplomat. n-8°. pag. 429.*

Page 78, Art. *de Stockolm*, *ajoûtez*: Que cette édition du *Dialogus Creaturarum*, n'eſt que la troiſiéme. Il parut d'abord à Tergou, chez G. Leeu, en 1480, & enſuite à Cologne, en 1482. Aux citations qui appuyent ce même article, on peut joindre *Celſii Biblioth. Stockolm. Hiſtoria. pag.* 9.

Page 79. *Vienne en Dauphiné*. Reliſez ce qui a été dit ci-deſſus article de *Vienne en Autriche*, & obſervez que dans la *Bibliothéque raiſonnée*, tome 25, page 277, on cite des *Statuta Provincialia Concilii Viennenſis*, imprimés en 1478, *in-4°*. exiſtans dans la Bibliothéque de Genêve; livre qui feroit remonter l'Imprimerie à Vienne trois ans plutôt que le *Clemengis*, qui n'eſt que de 1481. Mais il faudroit bien démontrer que cette date 1478, eſt celle de l'impreſſion de ces *Statuta*. Or c'eſt ce que l'on n'a pas fait à beaucoup près, dans la Bibliothéque raiſonnée, *ubi ſuprà*.

Ibid. Art. *de Rennes*, *ajoûtez*: J'ai vu une traduction anonyme en Vers François du *Floretus*, imprimée à Rennes, ſans nom d'Imprimeur, en 1485, petit *in-4°*.

Ibid. Art. *de Haerlem*. M. Viſſer (*Naamlyſt van Boeken &c.* page 15) cite les *Formulæ Noviciorum de exterioris Hominis compoſitione*, imprimées l'année précédente (1483) par Jean d'André, *in-4°*.

Page 80, Art. *de Lodeac*. L'édition des *Coutumes* dont il s'agit ici eſt indiquée dans la *Bibliotheca Senicurtiana*, page 105, n°. 1395, où l'on voit, 1°. Que le premier Imprimeur ſe nommoit *Robin*, & non pas *Rolin*; & le ſecond, *J. Crez*, & non pas *Cres*. 2°. Que le livre eſt *in-4°*. & non pas *in-8°*.

Page 80, Art. de Munster. Ajoutez : Que Mallinckrot cite *Rud. Langii Carmina*, imprimés la même année à Munster per *Johan. Limburgum*, in-4°.

Page 81, Art. d'Abbeville. Effacez ces mots : *Probablement Jean du Pré*, parceque, dans trois exemplaires de cette Somme qui ont passé par mes mains, j'ai vu dans la souscription le nom seul de *Pierre Gerard*, sans aucune mention de *du Pré*. Ce même Gerard imprima l'année suivante 1487, *le Triomphe des neuf Preux*, in-folio.

Page 82, Après ces mots de la derniere ligne : *cette édition*, ajoûtez, *qui est dans la* Bibliothéque de la Cathédrale de Mayence, au rapport de Gudenus *Sylloge Diplom. pag. 435.*

Page 83, Art. de Constantinople, ajoûtez la note suivante : Dans ce Dictionnaire on n'a pas marqué le lieu où il a été imprimé. Wolfius, dont Marchand emploie ici l'autorité, *conjecture* seulement, mais n'assure pas que c'est Constantinople. *Locus editionis* (hujus lexici) *non memoratur*, dit Wolf, *quem credo esse Constantinopolin*. On voit évidemment que, selon Wolf, il n'est pas certain, mais seulement probable que c'est de Constantinople qu'est sorti ce Dictionnaire.

Ibid, Art. de Nantes, Cette édition des *Lunettes des Princes*, en 1488, est chimérique. Mais j'ai vu celle de 1493, *in-4°*. petit format, dans une Bibliotheque de Paris. Marchand a été trompé ici par Maittaire, qui l'a lui-même été par quelqu'autre Bibliographe.

A L'HIST. DE L'IMPRIMERIE.

Page 84, Art. de St. Cucufat. Eſt-il bien ſûr que le mot *editus*, qui eſt à la fin du livre cité ici, ſignifie *imprimé*; puiſque Marchand convient lui-même, avec raiſon, (*page 55*) qu'à la fin du *Florius de amore Camilli*, cet *editus* ſignifie *compoſé*? Je crains donc bien que ce ne ſoit pas là la date de l'*impreſſion*, mais plutôt celle de la *compoſition* du livre.

Page 85, Art. de Conſtance. Il y a de la même année 1489, *Ulrici* MOLITORIS *tractatus de Pythonicis mulieribus*, imprimé auſſi dans cette ville, *in-4°*.

Ibid, Art. de Sienne. Ajoutez en marge : A Mayence dans la Bibliothéque de la Cathédrale, il ſe trouve une *Lectura Pauli de Caſtro*, imprimée à Sienne, en 1485, c'eſt-à-dire, quatre ans plutôt que Marchand n'a cru qu'on avoit imprimé dans cette Ville (*Gudenus Sylloge Diplom. in-8°. pag. 430.*)

Ibid. Art. de Dijon. Ici notre Auteur indique les Conſtitutions de l'Ordre de Cîteaux, imprimées en 1490, *in-4°.* comme ſe trouvant dans la *Bibliotheca Telleriana*, *p. 181.* il ſe trompe; car dans ce catalogue, au lieu cité, on ne voit point ces Conſtitutions, mais le livre ſuivant: *Collectanea quorumdam privilegiorum Ordinis Ciſtercienſis. Divione. Metlinger*, 1491, gros *in-4°.* en caracteres gothiques, & avec de belles lettres griſes en bois. Je ne nie pas l'exiſtence des Conſtitutions de 1490; je dis ſeulement qu'elles ne ſont pas dans la *Bibliotheca Telleriana*, citée par Marchand.

Page 86, Art. de Bamberg. David Clément, *tom. 2, p. 392* de ſa *Bibl. cur.* cite un *Liber horarum Canonicarum ſecundùm Eccleſiæ Bambergenſis rubricam*, imprimé dès 1484, *in-folio*, grand format; livre qui eſt probablement ſorti des preſſes de Bamberg. En ce cas, l'Imprimerie y ſeroit plus ancienne de ſept ans que ne le dit Marchand. Mais il y a mieux: M. Heineken, dans ſon *Idée d'une Collection complette d'eſtampes*, p. 275 & ſuiv. prétend que Valentin Tag imprima dès 1461, à Bamberg, un volume *in-folio*, orné de 101 vignettes, contenant des fables Allemandes; & pour établir cette date, il s'appuie d'un ſixain Allemand qui eſt à la fin du livre, & dont voici la traduction:

> A Bamberg ce Livret fut fini,
> Après la Nativité de N. S. Jeſus-Chriſt,
> Quand on comptoit mille quatre cens ans
> Et ſoixante un, cela eſt vrai,
> Au jour de Saint Valentin,
> Dieu nous garde de ſes peines: *Amen.*

On voit que ces vers portent que le livre fut *fini* en 1461; mais s'agit-il là de l'*impreſſion* du volume? Cependant M. Heineken aſſurant qu'il a été imprimé par *Valentin Tag*, & le ſixain portant qu'il a été *fini* le jour de *Saint Valentin*, il eſt naturel de pancher à croire que *fini* veut dire ici *imprimé*.

Page 90, *Art. de Tours*, Cette vie de Saint Martin dont j'ai vu un exemplaire, eſt *in-4°*. Marchand a raiſon de la donner pour le premier livre imprimé à Tours, juſqu'à ce que l'on en ait trouvé un d'une date certaine & plus ancienne. Car pour le *Florius de duobus Amantibus*, la date 1467 qu'il porte, eſt évidemment celle de la compoſition, & non de l'impreſſion du livre. Ce fait

A L'HIST. DE L'IMPRIMERIE.

a été si bien démontré, & par M. de Foncemagne (*Mém. de l'Acad. des Inscript. tom.* 7) & par Leichius (*de orig. & increm. Typogr. Lipf. p.* 123) qu'on voit avec surprise un Écrivain aussi instruit que Lackman, citer cet ouvrage comme réellement imprimé en 1467 (Voyez ses *Annalium Typogr. selecta capita*, *pag.* 111).

Page 91, *Art. de Schoonhoven*, Il y a un *Breviarium secundùm Ordinem Traject.* imprimé *extra muros oppidi Schoenhoviensis, partium Hollandiæ, Trajectensis Diœcesis* imprimé dès 1495, *in-folio*; on a imprimé dans le même lieu plusieurs autres livres, & en particulier un Bréviaire de Windesim en 1499, *in-4°*.

Ibid, *Art. de Leyde, ajoutez*: M. Meerman dans le troisieme index qui est à la fin de ses *Orig. Typogr. p.* 293, au mot *Sylvii*, indique deux livres imprimés à Leyde dès 1483, *in-4°*. Ainsi voilà l'Imprimerie plus ancienne de dix ans à Leyde.

Ibid, *Art. de Schiedam*. Dans le Catalogue de M. Gagniat, on trouve (*tom.* 1, *p.* 455, *n°.* 1789) le *Roman du Chevalier délibéré*, imprimé à *Schiedam*, en 1483, *in 4°*. c'est-à-dire, quinze ans avant le livre indiqué ici. Mais je doute fort de l'authenticité de cette date 1483.

Ibid, *sous l'Art. Udine*, Au lieu de ces mots: *Voyez ci-dessous la remarque* AAA, *n°.* v, *art.* 2, Lisez, *Voy. la note 13 qui est ci-dessous, p. 108 de la seconde Part.*

Page 93, Dans la liste précédente des villes où l'on imprima pendant le 15e. siécle, je ne trouve ni *Embrica*, ni *Francfort*, ni *Berlin*. On attribue pourtant à la

F

premiere de ces Villes une Bible Latine imprimée en 1465, *in-folio*; édition, à la vérité, très-suspecte, pour ne rien dire de plus. A l'égard de *Francfort*, il est vrai que jusqu'ici nous n'en connoissons pas d'édition datée du 15ᵉ. siécle: mais il n'est pas moins sûr qu'on y a imprimé dans ce siécle là. Leichius en cite un *Lactantii carmen de Resurrectione Dominicâ, in-4°*. sans date, *impr. per Con. B.* ce qu'il explique par *Conradus Baumgarten*, qui imprima depuis à Breslau & à Leipsic. Gudenus est fort surpris de n'avoir point trouvé de livre imprimé à Francfort dans le 15ᵉ. siécle, parmi ceux de la Cathédrale de Mayence. (*Sylloge Diplomat, in-8°. p. 444.*) Quant à *Berlin*, on ne peut guères douter de l'existence du livre flamand que Maittaire dit avoir été imprimé dans cette Ville en 1484, *in-4°*. Voyez Seiz. *Annus Sæcul. Invent. Typ. pag. 188 & 189.* Marchand prononce sans hésiter (*pag. 80*) que le livre en question est de *Harlem* & non pas de *Berlin*; mais c'est une assertion sans preuves, la remarque AAA, à laquelle il renvoie, n'existant pas dans son ouvrage. Je ne dis rien de *Papoburgum* où Lesser assure que l'on imprima dès 1461, un livre dont il dit avoir vu un exemplaire. Ce *Lesser* annonce tant d'éditions controuvées, qu'on ne peut raisonnablement s'en rapporter à lui.

Page 93. Au lieu de ces mots de la citation (*sss*) *on ne voit aucune édition de Strasbourg avant 1466*, lisez, *aucune édition certaine de Strasbourg avant 1471.*

A L'HIST. DE L'IMPRIMERIE. 43

Page 97, col. 1, Il est ici question de deux éditions de Platine, où sont certains passages scabreux. Ces mêmes passages se trouvent aussi dans les éditions *in-folio*, de 1485, de 1504, de 1511 & de 1540, aussi bien que dans celle de Lyon 1512, *in-12*. Les changemens, tels que l'*uxorem NON habuit*, sont dans celles de Venise 1562, & de Cologne 1600, toutes deux *in-4°*.

Page 98, col. 1, de la note. lig. 9. Ajoutez ce qui suit: *Balthazar Azzoguidi* a copié ces mêmes vers Italiens en substituant son nom à celui de *Valdarfer*, dans l'édition qu'il a donnée à Bologne du Decameron en 1476, *in-folio*. Ainsi *Giovanni da Reno* n'a fait qu'imiter le vol d'*Azzoguidi*, ou peut-être voler ce dernier, & non pas *Valdarfer*.

Page 99, col. 1, de la note. On a vu ci-dessus que Marchand s'étoit trompé en attribuant à Reiser une opinion qu'il n'a jamais eue sur ces caracteres d'or.

Page 102, col. 1, de la note, n°. XVI. C'est de la premiere édition de ce Catalogue que parle ici Marchand qui a ignoré l'existence d'une seconde aussi sans date, *in-8°.* de 70 pages, laquelle contient 248 articles, au lieu que la premiere n'en avoit que 227. Ce livre est connu parmi les Amateurs, sous le nom de *Petit Catalogue de Smith*, pour le distinguer du Catalogue général de la Bibliotheque de *Joseph Smith*, Consul d'Angleterre à Venise, lequel fut imprimé en 1755, *in-4°*. avec les Préfaces des livres du 15ᵉ. siécle. Cette Bibliotheque de Smith a passé dans celle du Roi d'Angleterre.

SUPPLÉMENT

Page 103, après le premier alinéa de la seconde colonne de la note, ajoutez ce qui suit: La liste précédente des Écrivains qui ont dressé différens Catalogues des livres imprimés dans le 15e. siécle, doit être enrichie des noms de MM. *Mencken, Haeberlin, Schwarz, Lackman, Leichius, Saxius,* &c. qui ont travaillé sur le même sujet. On n'indique pas ici leurs livres, parce que les titres en sont bien énoncés dans la *Bibliotheca Historiæ Litterariæ* de J. Fr. Jugler, in-8°. tom. 3, p. 2238 & seq.

Page 106, avant la note (EE) mettez à la fin du n°. v, le correctif suivant: Cette critique rigoureuse des premieres éditions doit être adoucie, au moins par rapport à quelques-unes auxquelles on a apporté beaucoup de soin. Il a été prouvé, par exemple, que l'édition *in-folio* donnée à Mayence par Jean Fust, du IVe. livre de la Doctrine Chrétienne de Saint Augustin, étoit infiniment plus exacte que celle même des Bénédictins. *Voyez* les Mémoires de Trévoux, année 1765, Juin, *pag. 1454 - 1473.*

Page 110, col. 1 « Donat.... (dit Marchand) n'est pas seulement un fort petit ouvrage de la qualité de ceux qu'on donne aux enfans, comme l'a cru M. Chevillier, mais un Recueil de quelques petits Traités, &c ». En voulant critiquer Chevillier qui s'étoit exprimé fort juste, Marchand se trompe lui-même; en effet, le *Donat* en question n'est autre chose qu'un Abrégé à l'usage des écoles, tiré, dans le moyen âge, des Ouvrages d'*Ælius Donatus,* ce qui lui a fait donner le nom de cet Auteur. C'est par ce *Donat*

A L'HIST. DE L'IMPRIMERIE. 45

abrégé que commencerent également, & les premiers Imprimeurs de Mayence & ceux de Rome; il en exifte une troifieme édition fans date, mais de la fin du 15ᵉ. fiécle, dans la Bibliothéque publique de Deventer. Voyez fur ce fujet l'Ouvrage fouvent cité de Meerman, tom. 1, pag. 127, 247, & *alibi paffim.*

Page 112, col. 1. Tout ce que dit ici Marchand à l'occafion du prétendu Donat de Cologne en 1457, s'éclaircit par les remarques fuivantes. 1°. J'ai vu *Wilhelmi Epifcopi Lugd. Summa de virtutibus. Coloniæ per Henr. Quentel,* 1479, *in-folio.* Ce *Quentel* imprimoit donc certainement en cette année là. 2°. Lackman cite (*Annal. Typogr. Select. Capita, pag. 141*) un *Lavacrum Confcientiæ* imprimé par cet Artifte en 1501, *in-*4°. Il eft donc tout fimple que ce même Quentel ait imprimé en 1507 le Donat; & pour s'en convaincre, il fuffit de fe rappeller la forme des lettres numériques ufitées alors en Allemagne. Ce Donat étoit daté M. CCCC. VII; ceux qui ont vu cette date ont pris le cinquieme c pour un L, tandis que c'étoient cinq c Allemands qui fignifioient 1500. Pour peu qu'on ait manié de ces éditions de la fin du 15ᵉ. ou du commencement du 16ᵉ. fiécles, on fait que l'on y confond aifément le c numéral avec l'L: c'eft-là tout le myftere de ce Donat dont on a trop parlé.

Ibid. col. 2, fecond alinéa. Notre Auteur parle ici de Maximianus fans aucun éclairciffement. On en trouvera dans la *Biblioth. Lat. med. ætat.* de Fabricius, & dans Leichius *ubi fuprà,* p. 119, note 40. J'ai vu à la fin d'un Claudien de très-ancienne édition fans date, *in-*

folio, MAXIMIANI *Philosophi atq'oratoris clarissimi Ethica suavis & perjocunda* qui commence ainsi :

> *Æmula quid cessas finem properare Senectus,*
> *Cur & in fesso corpore tarda venis ?*

Leyser ne dit rien de ce Poëte dans son *Histor. Poëtarum med. ævi*, ce qui est assez étonnant.

Page 113, col. 2, après ces mots *il paroît que c'est à dessein que les Imprimeurs ont ôté les millésimes & les centésimes*, ajoutez : Ainsi Ulric Zel supprima les millésimes & centésimes de la souscription qu'il mit à la fin du S. Augustin *de Singularitate Clericorum*, cité ci-dessus, & le data *anno... sexagesimo septimo*; supprimant *millesimo quadringentesimo*; exemple que d'autres Imprimeurs & notamment celui du *Præceptorium divinum* de *G. Hollen*, édition de 1484, indiquée par Chevillier (*orig. de l'Impr. liv. I. chap. 1*) ont quelquefois suivi. D'autres Artistes en exprimant les millésimes & centésimes, ont supprimé les dixaines seules ; c'est ce que fit Jean de Westphalie dans l'édition in-folio qu'il donna en 1475 à Louvain de la *Joan. Junioris, Ord. Prædic. Scala cœli*, à la fin de laquelle j'ai vu dans l'exemplaire de S. Vaast d'Arras, la date ainsi énoncée, *anno millesimo quadringentesimo quinto*.

Page 115, col. 1, L'exemplaire du Cicéron de 1465, dont il est ici question, passa de chez M. Krafft dans le cabinet de M. Engel, qui dans sa *Biblioth. selectiss. p. 43*, dit qu'à cause de cette singularité *Phœnix librorum vocari meretur*: éloge outré & ridicule, mais qui ne surprend pas de la part d'un homme qui vouloit vendre ses livres.

Page 118, *à la fin de la note, ajoutez ce qui suit:* Il est fâcheux que Marchand ne nous ait pas donné la notice qu'il annonce, tant ici qu'à la page 3, note *d*, des Historiens de l'Imprimerie. Cette notice, telle qu'il la concevoit, feroit seule un volume. On se bornera à indiquer trois ou quatre Ouvrages assez peu connus, en France sur-tout, sans faire mention de la Caille, de Chevillier, de Maittaire, de Schœpflin, de Meerman & de Fournier, dont les livres sont entre les mains de tous les Bibliographes.

1. *Jo. Christ. Wolfii monumenta Typographica.* Hamburgi, *1740, in-8°. 2 vol.* C'est une compilation de divers écrits bons & mauvais, sur l'Origine de l'Imprimerie, que l'Éditeur a traduits en Latin, en y ajoutant des notes de sa façon. A la tête du premier volume, on trouve une table alphabétique de tous les Écrivains connus de Wolf sur cette matiere : table dans laquelle on distingue au coup-d'œil les écrits insérés dans sa collection, qui n'est pas à négliger, & qui tient lieu de beaucoup d'autres livres.

2. *Jo. Ludolphi Bunemanni Notitia Scriptorum, editorum atque ineditorum, Artem Typographicam illustrantium, intermixtis passim observationibus litterariis.* Hanoveræ, *1740, in-4°.* L'Auteur étoit fort instruit, & il y paroît dans ses observations, où il y a beaucoup à profiter. Malheureusement l'ouvrage n'est pas fini, au moins que je sçache.

3. *Christ. Gottlieb Schwarzii primaria quædam documenta de origine Typographiæ.* Altorfii, 1740,

in-4°. Ils démontrent, ces monumens, que la gloire de l'Imprimerie appartient inconteftablement à Mayence. M. Schwarz étoit fort inftruit dans cette partie de l'Hiftoire Littéraire.

4. *Jo. Chrift. Seitzii, annus tertius inventæ Artis Typographicæ.* Harlemi, 1742, *in-8°*. La premiere édition avoit paru en 1740, en langue Hollandoife, & les *Acta Eruditorum* de Leipfic en donnerent l'extrait dans leur volume de 1743, page 93. Ce livre fait en faveur de la Hollande, eft un de ceux où la prévention la plus outrée fe manifefte le plus fenfiblement. Ofer feulement douter que c'eft à Harlem qu'appartient la gloire de l'invention de l'Imprimerie, c'eft aux yeux de M. Seiz, un crime grave, qui échauffe fon amour patriotique. Auffi Naudé, Chevillier, Marchand, & tous ceux qui ont écrit en faveur de Mayence, font-ils en butte aux injures, aux mauvaifes plaifanteries, & aux fauffes imputations de cet Ecrivain, à qui rien ne coute pour foutenir fon opinion. Cependant M. Seiz ne fait que répéter les mauvais raifonnemens de ceux qui l'avoient devancé dans la même carriere; & s'il fe diftingue d'eux, c'eft en enchériffant fur leurs méprifes, auxquelles il en ajoûte de plus choquantes encore. A l'entendre,
« Il eft certain que l'Archevêque de Tours avoit éta-
» bli dès 1467, une Imprimerie dans fon Palais
» (*page 170.*) On ne doit pas être étonné que l'Im-
» primerie ait trouvé des Adverfaires, puifque *Jéfus-*
» *Chrift*, la fainteté même, a été expofé aux traits d'un
» Porphyre, d'un Julien (*page 231*). Naudé & Che-
» villier

» villier ne font pas favorables aux prétentions des
» Hollandois, parce qu'ils ont écrit dans le tems que la
» France étoit en guerre avec la Hollande (*pag. 108*).
» Nicolas Jenfon porta l'Imprimerie par mer de Hol-
» lande à Venife, en 1459 ou 1460; ce Jenfon étoit
» Hollandois, quoiqu'il fe dife *François*, parce que
» dans ce tems-là une partie de la Flandre & la Hol-
» lande étoient fous la domination de Philippe-le-Bon,
» originaire de la Maifon de Bourgogne, qui tiroit fa
» fource de Philippe-le-Hardi, fils du malheureux
» Jean, Roi de *France* (*pag. 167*) &c. ». Telle eft
la critique de M. Seiz. On ne fera donc pas étonné qu'il
admette comme certaines les éditions le plus générale-
ment reconnues pour fauffes, telles que la Bible
Allemande de Strasbourg en 1466; la Latine de la
même année à Ausbourg, chez Bamler; l'*Expofitio
Sancti Hieronimi* d'Oxfort en 1468, *in-8°*. le *Decor
Puellarum*, en 1461, à Venife; la Bible Latine de Jean
de Averbach, en 1469, à Reutlingen; un Pline, en
1468, à Vérone; l'*Hypnerotomachia Polyphili*, en
1467, à Trevife; un *Spantaginus*, en 1468, à Florence; un Gabr. Vafquez *de Cultu adorationis*, en
1494, à Alcala, &c. &c. toutes éditions imaginaires,
controuvées, & juftement rejettées par les bons Bibliographes. Malgré tous ces défauts, comme il n'y a
point de livre, quelque mauvais qu'il foit, où l'on ne
trouve à profiter, celui de M. Seiz contient plufieurs
remarques (à la vérité en petit nombre) dont on doit
lui tenir compte.

SUPPLÉMENT

A l'égard des Ecrivains qui se sont bornés à l'histoire de l'Imprimerie dans certains païs ou dans quelques Villes particulieres, telles que Jean-Daniel *Hoffman* pour la Pologne, J. *Alnander* pour la Suéde, *Saxius* pour Milan, *Leichius* pour Leipsic, *Seelen* pour Lubec, *Quirini* pour Rome & Brescia, &c. &c. leur énumération meneroit trop loin. On se contentera donc d'en indiquer ici deux, parce qu'ils sont assez récens & très-peu connus. Le premier, que j'ai déjà cité, est la *Commentatio de primis Vindobonæ Typographis*, Vindobonæ, 1764, *in*-4°. de 48 pages; bon ouvrage, dont l'Auteur, qui ne s'est pas fait connoître, est le P. *Xyste*, Religieux Augustin. Le second est intitulé: *Naamlyst van Boeken*, &c. &c. c'est-à-dire, Catalogue des livres imprimés pendant le xve siécle, dans les dix-sept Provinces des Pays-Bas (par M. Jacques *Visser*, Avocat & Agent de la Ville de Maëstricht, à la Haye.) Amsterdam, 1767, *in*-4°. brochure fort curieuse d'un Littérateur très-versé dans la connoissance des anciens livres, dont il a lui-même rassemblé un bon nombre.

Avant de finir ces Notes sur la premiere Partie de l'Ouvrage de Marchand, je ferai encore une observation. On a vu ci-dessus (*pag.* 15) qu'en publiant son livre, il avoit supprimé plusieurs Piéces & Remarques, auxquelles il renvoie mal-à-propos, puisqu'elles n'existent pas. Ces Remarques appartenoient cependant à son sujet; il devoit donc les conserver: & puisqu'il vouloit supprimer quelque chose, la suppression devoit bien plutôt tomber sur plusieurs digressions qui ne servent qu'à allonger l'Ouvrage, sans éclairer le Lecteur sur l'Historique de l'Imprimerie. La prolixe digression sur les prétendus caracteres d'argent (*pag. 20*); la critique des anciennes fictions dont on amusoit autrefois le Peuple, & auxquelles on compare *l'Histoire du Peuple de Dieu* par le P. Berruyer, (*pag. 80*); la longue Lamentation sur la dispersion des Bibliothéques de Mazarin & de Mesme (*pag. 95 & 96*) ; la note E E des pages 106, 107 & 108, qui ne prouve pas ce qui est avancé dans le texte ; la Tirade contre les Catalogues défectueux & mal arrangés (*page 109*) &c. &c. tous ces morceaux, & plusieurs autres que je ne cite point, devoient être supprimés par l'Auteur, comme absolument étrangers à son sujet, & faire place à des discussions raisonnées sur d'anciennes éditions, à des remarques sur les Imprimeries particulieres ; en un mot, à tout ce que l'on est en droit de trouver dans un bon Historien de l'Imprimerie.

SECONDE PARTIE.

CETTE seconde Partie du livre de Marchand, renferme *dix Piéces* de différens Ecrivains qu'il reproduit, en y ajoûtant des notes, qui pour la plupart, sont très-peu de chose.

La premiere est un morceau de la chronique de Cologne (dont il répéte qu'il y a *quatre* éditions, quoiqu'il n'y en ait qu'une seule), traduit en Latin par

SUPPLÉMENT

Mallinkrot. Sur quoi l'on obferve que M. Meerman a publié une nouvelle verfion Latine avec le texte du fragment en queftion, auquel il a joint d'excellentes remarques (*Voyez* Meerman, *Origin. Typograph.* tom. 2, pag. 105.) Ainfi cette premiere piéce eft déformais inutile.

On en peut dire autant de la *feconde* & de la *troifiéme*, qui ont encore été réimprimées avec des notes, par M. Meerman, dans les mêmes *Origines Typograph.*

La quatriéme eft le Poëme de Bergellanus, réimprimé fur l'édition & avec la Préface de M. Joannis, qui avoit lui-même copié l'édition donnée par Tentzel. Wolfius ayant, de même que Marchand, reproduit l'édition de M. Joannis, dans fes *Monumenta Typographica;* le public a trois copies de l'édition donnée par *Tentzel*, qui étoit la troifiéme de ce Poëme. A confidérer tant d'éditions du même livre, ne le croiroit-on pas fort utile pour l'hiftoire de l'Imprimerie? Il l'eft pourtant fi peu, qu'on pouvoit fe difpenfer de le réimprimer plus d'une fois. Au refte, ce Bergellanus écrivoit fon Poëme en 1541, c'eft-à-dire 100 ans après l'invention de l'Art qu'il a célébré; ce qui n'empêche pas Marchand de le qualifier *voifin de ce tems-là;* de 1440 (*pag. 6, lign. 11.*)

La cinquiéme piéce eft un fragment fur l'origine de l'Imprimerie, tiré de la *Bibliotheca Vaticana commentario illuftrata*, par Ange Roccha, livre affez rare. Ce fragment n'eft pas fans utilité. Il eft dans la compilation de Wolf, tome 1, page 296.

A L'HIST. DE L'IMPRIMERIE.

La sixiéme est composée de quatre chapitres de l'histoire de Mayence par Serarius, lesquels roulent sur l'Imprimerie, & sont écrits fort judicieusement. Cette histoire de Serarius, imprimée à Mayence, en 1604, *in-*4°. a été reproduite par M. Joannis, dans le premier tome, qui n'est point rare, de ses *Scriptores rerum Moguntiacarum*. Wolf a aussi placé cette édition des quatre chapitres de Serarius, dans les *Monumenta Typographica*, tome 1, page 255.

La septieme est un morceau de Salmuth, déjà imprimé par fragmens dans le Traité de Mallinkrot, *de Ortu & progressu Typographiæ*.

La huitiéme est le chapitre VII de l'Addition à l'Histoire de Louis XI, par Naudé, chapitre bien fait, & qui se retrouve traduit en Latin dans le Recueil de Wolf, tome 1, pag. 486-536.

La neuviéme est le chapitre 1er. du livre 1er. de *l'Origine de l'Imprimerie de Paris*, par Chevillier, Auteur judicieux, exact, sans préventions, & qui parle toujours d'après les monumens qu'il a vus. Quoique son livre ne soit pas rare, on en retrouve avec plaisir ce fragment dans Marchand. C'est la meilleure de toutes les piéces justificatives de son livre.

Enfin *la dixiéme & derniere* est un morceau du premier volume des Annales de Maittaire, dans lequel celui-ci transcrit l'introduction fabuleuse de l'Imprimerie en Angleterre, telle que l'ont décrite *Antoine a Vood* & *Richard Atkins*, qui content sur ce sujet des histoires ridicules & contradictoires; qui parlent d'une *Expositio S. Hieronimi in symbolum*, imprimée à Oxford, 1468, *in-*8°. date non-feulement douteufe, incertaine & fufpecte, comme dit Marchand, (*page 56 de la 1ere partie, & 127 de la 2de*); mais vifiblement fauffe & imaginaire; puifqu'il eft certain que l'Imprimerie ne fût exercée en Angleterre qu'en 1471, au plutôt (*Voyez* les livres indiqués ci-deffus [*pag. 27, art. de Weftminfter*] & la 2de Differtation de Fournier, *pag. 46 & fuiv.*) Ainfi Marchand pouvoit laiffer cette piéce dans le volume de Maittaire, ou s'il vouloit abfolument la reproduire, il ne devoit pas affurer (*page 31 de la 1ere Partie, col. 2de de la note*) que Richard Atkins l'avoit tirée d'un manufcrit *authentique* de la Bibliothéque des Archevêques de Cantorbery; cet Atkins avouant lui-même, dans fon préambule, qu'on lui avoit communiqué feulement une *copie* de ce manufcrit (*the* COPY *of a Record and manufcript.*)

Cette piéce, il eft vrai, fe retrouve encore dans le 2d volume des *Origines Typogr.* de Meerman, *pag. 208 & feq.* où cet Ecrivain fait tous fes efforts pour en défendre & l'authenticité & la vérité du récit qu'elle contient. Mais M. Meerman eft fi fortement prévenu en faveur de Harlem, qu'il adopte avec avidité tout ce qui peut directement ou indirectement appuyer les prétentions de la Hollande; dès-lors on ne doit pas être furpris qu'il ait de nouveau publié l'extrait d'Atkins; mais il eft néceffaire de lire fur ce fujet la lettre de M. *Coltée Ducarel*, dont les raifonnemens ne font guères détruits par la réponfe de M. Meerman. Ces deux lettres font à la tête du fecond volume des *Origines*.

Typographicæ que j'ai si souvent citées. On peut encore consulter la note B de l'article *Atkins*, dans le Dictionnaire critique de M. de Chaufepié.

L'Histoire de Marchand finit par six pages *d'Additions & de Corrections* pour son ouvrage. Celles que l'on vient de lire, serviront à faire juger si cet Écrivain n'eût pas mieux fait de multiplier ces *Corrections*, que de surcharger son livre de toutes les piéces justificatives, qui ne servent qu'à enfler inutilement le volume. Elles serviront encore à apprécier l'éloge outré que certains Journalistes (*) ont fait de ce livre, sur lequel la réputation de l'Auteur leur avoit sans doute fait illusion.

(*) Voici comment les Auteurs des *Acta Eruditorum* de Leipsic se sont exprimés (ann. 1739, pag. 578) en rendant compte de cette histoire : « Huic, quanta quanta fuerit, expectationi satisfactum *omni ex parte* judicabunt, cùm ad ipsius lectionem Operis se converterint, viderintque *ea omnia quæ a scriptore diligentissimo* præstari possunt, *plenissimè* ab autore præstita ». Que pourroit-on dire de plus en faveur du meilleur ouvrage ? On ne sera pas surpris d'un pareil jugement, si l'on observe que les Journalistes s'exprimoient ainsi au mois d'Octobre 1739, c'est-à-dire cinq mois avant que ne parût le livre de Marchand, puisque l'avertissement de ce livre est daté du 31 Mars 1740 seulement. On leur avoit donc envoyé l'extrait à l'avance, & ils l'imprimerent sans autre examen. Malheureusement le Public n'est que trop souvent servi de cette maniere.

A Paris, le 25 Octobre 1773.

www.ingramcontent.com/pod-product-compliance
Lightning Source LLC
LaVergne TN
LVHW021746080426
835510LV00010B/1346